"Para ser competitivo no mercado atual
é preciso dominar alguns conceitos básicos
de finanças e contabilidade."

FINANÇAS AO ALCANCE DE TODOS

24 lições para entender e avaliar a saúde financeira da empresa

Katherine Wagner

SEXTANTE

tradução: Antônio Moura
preparo de originais: Melissa Lopes Leite
revisão: Luis Américo da Costa, Tereza da Rocha e Sheila Til
diagramação: Marcia Raed
projeto gráfico e capa: Retina 78
pré-impressão: ô de casa
impressão e acabamento: Cromosete Gráfica e Editora Ltda.

CIP-BRASIL. CATALOGAÇÃO-NA-FONTE
SINDICATO NACIONAL DOS EDITORES DE LIVROS, RJ

W136f

Wagner, Katherine
Finanças ao alcance de todos / Katherine Wagner [tradução de Antônio Moura]. – Rio de Janeiro: Sextante, 2008.

ISBN 978-85-7542-428-5

1. Empresas – Finanças. 2. Sociedades comerciais – Finanças. I. Título.

CDD: 658.15
08-3534 CDU: 658.15

GMT Editores Ltda.
Rua Voluntários da Pátria, 45 / 1.404 – Botafogo
22270-000 – Rio de Janeiro – RJ
Tel.: (21) 2286-9944 – Fax: (21) 2286-9244
E-mail: atendimento@esextante.com.br

SUMÁRIO

FIQUE POR DENTRO DO MUNDO DAS FINANÇAS

Se os números são o alfabeto do mundo dos negócios, os demonstrativos financeiros e os orçamentos são os livros.

Para ser competitivo no mercado atual é preciso dominar alguns conceitos básicos de finanças e contabilidade. Aqui você encontrará as informações fundamentais sobre o mundo financeiro para alcançar sucesso no trabalho.

Para muitos gestores, demonstrativos financeiros e orçamentos são um mistério. Se você normalmente passa o dia planejando campanhas de marketing ou recrutando novos funcionários, é provável que não se empolgue nem um pouco com a elaboração do orçamento anual nem com a leitura dos demonstrativos financeiros de sua empresa.

Mas isso pode ser mudado. Com um pouco de esforço, você irá se familiarizar com finanças e aprender o bastante para interpretar os números.

Não é preciso saber absolutamente tudo sobre finanças e contabilidade. Basta entender o suficiente para fazer as perguntas certas.

Este guia não tem por objetivo transformá-lo em um gerente financeiro ou contador. Em vez disso, ele fornece informações fundamentais para ajudá-lo a desenvolver sua capacidade de compreensão sobre o tema. Mantenha-o sempre à mão: será útil toda vez que você for convocado para investigar por que seu setor estourou o orçamento ou quando quiser analisar o desempenho financeiro da empresa.

Finanças ao alcance de todos se divide em duas partes. A primeira apresenta conceitos básicos de contabilidade e alguns demonstrativos financeiros. A segunda cobre o processo de elaboração orçamentária.

Embora não seja necessário ler o livro na ordem em que ele se apresenta, seria interessante adotar esse critério, principalmente se você não estiver familiarizado com o assunto. Apesar de cada capítulo ser independente dos demais, alguns termos e expressões que são introduzidos em um capítulo aparecem outras vezes, quando aquele tema é analisado com mais profundidade.

Depois de concluída a leitura, é provável que você queira aprender mais sobre uma questão específica. Se esse for o caso, o que não falta é material de pesquisa. Faça uma busca na internet e informe-se sobre publicações e cursos nessa área.

Lembre-se de que este é o ponto de partida rumo à avaliação e ao conhecimento de finanças, e não o ponto final de sua jornada.

PRECISO MESMO SABER?

ENTENDA OS TERMOS BÁSICOS

Quando um leigo na área contábil ouve a palavra *crédito*, a idéia que lhe vem à cabeça é a de um empréstimo que será pago numa data futura, ou então a do montante que aparece no extrato bancário quando se faz um depósito.

Entretanto, para um contador, crédito tem outra definição. É a designação que se dá à coluna à direita dos registros pelo método das partidas dobradas. A coluna à esquerda é conhecida como coluna do débito. No método das partidas dobradas, as colunas do débito e do crédito devem se igualar.

Certamente não é necessário (nem recomendável) que você aprenda ou compreenda o método das partidas dobradas. No entanto, é bom saber que, quando um contador usa termos como débito ou crédito, está falando de algo diferente daquilo que você tem em mente.

Para ter certeza de que você está falando a mesma língua que os profissionais da área de finanças, aqui está uma lista contendo alguns termos comumente usados:

Ativo / passivo – O *ativo* de uma empresa é todo e qualquer recurso econômico que ela possui. O *passivo* é todo e qualquer recurso que ela deve. Os terrenos e equipamentos de uma empresa constituem seu ativo imobilizado, ao passo que as dívidas constituem seu passivo.

Valor contábil / valor de mercado – O *valor contábil* é o montante do ativo ou do passivo que aparece nos demonstrativos financeiros de uma empresa, tendo por base seu custo histórico ou original. O *valor de mercado* é o valor atual daquele item do ativo ou do passivo. Em muitos casos, o valor contábil não equivale ao de mercado.

Bens de produção – São as ferramentas e o maquinário utilizados para produzir outros bens. Para muitas empresas, a compra de bens de produção representa seu maior investimento.

Depreciação / amortização – A *depreciação* é o sistema pelo qual se calcula o custo de um bem material, como maquinário, por exemplo, levando-se em conta a sua vida útil. A *amortização* é o sistema pelo qual se calcula o custo de um bem não-material, como uma patente, por exemplo, levando-se em conta também a sua vida útil.

Ano fiscal – É o relatório anual de uma empresa, por exemplo, de 1º de julho de 2008 a 30 de junho de 2009. Em muitos países, como nos Estados Unidos, o ano fiscal não corresponde ao ano do calendário, ou seja, de 1º de janeiro a 31 de dezembro.

Receita / despesas – *Receita* é a renda que entra para a empresa. A receita inclui vendas, juros e aluguéis. Os termos receita, vendas e renda muitas vezes se equivalem. *Despesas* são os gastos feitos ao longo de um período, normalmente tendo-se o mês como referência.

Margem de lucro – É o lucro, ou seja, aquilo que sobra para a empresa depois de apurados todos os impostos e despesas, como percentagem das vendas ou da receita.

Contas a receber / contas a pagar – *Contas a receber* é o montante em dinheiro que se deve à empresa em virtude da venda de um produto ou da prestação de um serviço. *Contas a pagar* é o montante em dinheiro que a empresa deve a terceiros, incluindo fornecedores.

Custo – É o preço pago pela aquisição de um bem.

Essa lista é apenas um ponto de partida. Siga as instruções abaixo para dar continuidade ao seu processo de aprendizagem:

Faça perguntas: Se você ouvir um termo que não lhe soa familiar, pergunte o que significa.

Atualize-se: Quanto mais você aprende, mais fácil fica. Consulte livros e periódicos especializados.

Faça sua própria lista: À medida que for conhecendo outros termos, anote-os nas margens deste capítulo para que possa recorrer a eles sempre que necessário.

"Desenvolva suas habilidades no ramo dos negócios expandindo o seu vocabulário."

LEVANTE HIPÓTESES

NÃO FAÇA SUPOSIÇÕES

Aqueles com pouco conhecimento na área de finanças tendem a fazer julgamentos precipitados acerca das informações apresentadas em um demonstrativo financeiro. Em muitos casos, chegam a uma "conclusão" logo depois de passar os olhos nos números e calcular alguns indicadores de lucro.

Se você quer de fato entender as informações contidas nos demonstrativos financeiros, precisa estar disposto a ir além dos números. Se, por um lado, aprender alguns conceitos básicos de contabilidade é de grande ajuda, por outro, esse conhecimento não basta para torná-lo íntimo desse universo. Para isso, você terá de aguçar a sua curiosidade e compreender o verdadeiro significado dos números que estão à sua frente.

À medida que se lê um demonstrativo financeiro, é comum observar um número estranho ou uma tendência diferente da habitual. Em vez de fazer vista grossa, é importante investigar mais a fundo e formular perguntas do tipo: é de fato uma tendência ou é o resultado de alguma modificação no processo contábil? Quando isso começou a ocorrer? Qual foi a causa? Isso está acontecendo somente com a nossa empresa ou com a concorrência também?

Para ter um panorama mais completo da situação, você vai precisar estudar a empresa e o setor em que aquele fenômeno está ocorrendo. Vários recursos podem ajudá-lo, mas o mais indicado é o relatório anual, que engloba todos os demonstrativos financeiros, assim como dados adicionais sobre as metas a longo prazo da empresa.

Procure ler publicações voltadas para a área de atuação da sua empresa e informe-se a respeito das normas setoriais e de como os procedimentos contábeis são aplicados nessa área.

Imagine que você tenha herdado uma pequena quantia em dinheiro e queira investi-la numa editora de revistas. Você então solicita o relatório anual da empresa e começa a ler os demonstrativos financeiros.

À medida que olha o balanço patrimonial, um dos demonstrativos financeiros oficiais da empresa, você fica em dúvida se deve ou não investir naquela editora, pois percebe que o passivo está grande. Muitas vezes, esse tipo de situação é causado pelo que chamamos de resultado de exercícios futuros, um termo que você nunca ouviu. Você não está bem certo do que significa, mas imagina que não deve ser bom, porque a idéia de passivo é sempre negativa.

Entretanto, depois você descobre que sua conclusão sobre o resultado de exercícios futuros está errada. Na verdade, ele representa o pagamento antecipado de assinaturas da revista, o que, por sua vez, é uma fonte de receita. O resultado de exercícios futuros é comum em demonstrativos financeiros no mercado editorial e aparece no passivo porque a editora ainda não emitiu as faturas das entregas das revistas.

Seguem algumas fontes que poderão ser usadas como referência durante sua pesquisa:

Associações comerciais: Muitas associações comerciais possuem sites em que você poderá buscar informações.

Associações contábeis: Advertem sobre mudanças propostas para as regras contábeis que poderão afetar boa parte das empresas.

Publicações especializadas: Há muitos livros que informam sobre estatísticas e padrões de áreas de atuação específicas.

"Em caso de dúvida, verifique."

COMPREENDA A IMPORTÂNCIA DO REGISTRO DAS TRANSAÇÕES

As empresas usam dois métodos de registro contábil: o regime de caixa e o regime de competência. O primeiro registra as transações apenas quando o dinheiro troca de mãos, ou seja, quando a transação comercial é paga. O regime de competência, em contrapartida, registra a transação quando ela é concluída, independentemente de ter sido paga ou não.

Empresas de pequeno porte costumam usar o regime de caixa por causa de sua simplicidade. Para esse tipo de empresa, a receita é registrada quando o cliente paga e as despesas são lançadas quando a empresa efetua o pagamento a elas referente.

Por outro lado, as empresas de grande porte usam o regime de competência, que é mais complexo que o de caixa. O propósito desse método é estabelecer uma equivalência entre a receita e as despesas efetuadas para obtê-la. Para que isso seja feito, as transações são registradas quando um fato econômico acontece, como, por exemplo, o transporte de um produto ou o conserto de um equipamento, em vez de quando ocorre o pagamento em si.

Digamos que, durante o período contábil atual, a Nicko Corporation recebeu encomendas no valor de 20 mil reais, mas, na verdade, só arrecadou a metade até agora. A empresa tem despesas de

4 mil reais referentes aos salários dos funcionários e usou seu estoque avaliado em 5 mil reais, embora só tenha pago efetivamente mil reais.

Se a Nicko Corporation utiliza o regime de caixa, os dados serão registrados como no exemplo abaixo:

Receita	10.000,00
Despesas	
Estoque	1.000,00
Salários	4.000,00
Total de despesas	(5.000,00)
Excesso de receita sobre as despesas	5.000,00

Agora, vejamos como os mesmos fatos se apresentariam numa empresa que utiliza o regime de competência.

Receita	20.000,00
Despesas	
Estoque	5.000,00
Salários	4.000,00
Total de despesas	(9.000,00)
Lucro líquido	11.000,00

O último relatório nos fornece mais informações. Por exemplo, nele está claro quanto do estoque foi utilizado nas vendas que totalizaram 20 mil reais.

A seguir, alguns pontos fundamentais sobre o regime de competência que se deve ter em mente:

Princípio da confrontação: O regime de competência relaciona a receita e suas despesas correspondentes.

Contas a pagar / contas a receber: O regime de competência contabiliza as vendas que foram realizadas mas não recebidas, assim como as despesas feitas mas não efetivamente pagas.

Fluxo de caixa: O regime de competência não se preocupa com a entrada e saída de caixa.

"O regime de competência lança as transações quando elas ocorrem; o regime de caixa lança as transações quando o dinheiro muda de mãos."

ENTENDA O QUE FAZ UM AUDITOR

Quando você lê o relatório anual de uma empresa, percebe que ali está incluída a opinião de um auditor a respeito dos demonstrativos financeiros. Muitas vezes, as pessoas se confundem com relação ao papel do auditor externo ou independente.

Costuma-se pensar que a função desse profissional é verificar se os demonstrativos financeiros estão corretos. Mas esse não é o seu papel. Seria extremamente difícil para ele ter absoluta certeza da precisão dos demonstrativos financeiros, a não ser que sua própria empresa fosse responsável pelo registro das transações comerciais e, conseqüentemente, pela elaboração dos relatórios. Nesse caso, o auditor não seria independente.

Na condição de profissionais isentos, os auditores externos avaliam se os demonstrativos financeiros refletem de maneira clara a situação financeira da firma, assim como o resultado de suas operações e do seu fluxo de caixa. Isso pode ser feito de várias maneiras, incluindo o envio de correspondência a clientes, fornecedores e instituições financeiras, pedindo-lhes que confirmem as informações constantes dos livros da empresa.

A auditoria também verifica os procedimentos de controle interno. As empresas adotam critérios de controle para diminuir a possibilidade de erro ou fraude. Sob a perspectiva do auditor, alguns dos mais importantes métodos de controle são aqueles que envolvem as contas em que há acesso a dinheiro em espécie, como contas a pagar.

A diretoria pode pedir, por exemplo, aos funcionários do departamento de contas a pagar que chequem as faturas com os recibos e as ordens de compra, a fim de que a empresa pague aos fornecedores apenas as faturas válidas. O auditor faz testes para determinar se os funcionários daquele setor estão seguindo corretamente o procedimento de controle.

Ele também verifica se as faturas correspondem aos documentos requeridos. O teste pode ser feito com faturas escolhidas aleatoriamente. Dependendo dos resultados da amostragem, poderá optar por fazer mais testes para se certificar de que um erro na correspondência das faturas não tenha provocado um erro material no pagamento de contas.

A questão da materialidade é importante. Durante o processo de auditoria, deve-se verificar constantemente se eventuais erros levarão os usuários dos demonstrativos financeiros a interpretações equivocadas.

Por exemplo, se o auditor descobre que um programa de computador está cometendo um erro de arredondamento pelo qual são cobrados dos clientes centavos a mais ou a menos, ele provavelmente irá considerar esse fator imaterial, ou seja, sem grande relevância para quem consulta os demonstrativos financeiros. Entretanto, se esses erros de aproximação tiverem um efeito cumulativo considerável, ele poderá entender que o erro de cálculo é material e pedir que a empresa revise seus demonstrativos financeiros.

Mais alguns dados importantes:

Parecer da auditoria: O auditor poderá dar um parecer com ou sem ressalvas quanto aos demonstrativos financeiros.

Auditoria interna versus auditoria externa: O auditor interno é um funcionário da empresa, ao passo que o externo é de uma firma contratada para aquele fim.

Mudança de auditor: Uma mudança na equipe de auditores pode ser um sinal de alerta, o que requer investigações adicionais, embora no Brasil mudanças periódicas sejam obrigatórias.

"O auditor emite um parecer sobre os demonstrativos financeiros, e não um certificado de garantia."

DECORE TODAS AS REGRAS DE CONTABILIDADE

SAIBA ONDE ENCONTRAR RESPOSTAS

Embora não seja necessário conhecer as regras contábeis usadas na elaboração de demonstrativos financeiros, é importante que você entenda por que as regras existem e saiba onde encontrar informações a respeito delas.

Existem leis que regulam o modo como as empresas lançam as informações nos demonstrativos financeiros. Uma das funções dessa regulação é assegurar a consistência dos registros contábeis.

Mesmo quando as empresas obedecem a essas leis, poderão ocorrer variações para as quais você deverá estar atento. Em alguns casos, as variações são causadas por transações comerciais incomuns, fora dos padrões da empresa.

Um exemplo disso é a venda de um equipamento que deixou de ser útil. É muito comum esse tipo de venda representar uma perda ou um ganho significativo e figurar no demonstrativo financeiro como um item extraordinário. A demonstração do resultado irá incluir também o lucro líquido com e sem o item extraordinário.

Se você estiver comparando uma demonstração do resultado – um dos principais demonstrativos financeiros da empresa – referente a um ano que não possua item extraordinário com uma que possua, provavelmente terá de utilizar o lucro líquido anterior ao item extraordinário para efeito de comparação. Também precisará recorrer às notas explicativas para saber mais a respeito da natureza daquele item extraordinário e o efeito que ele produziu nos demonstrativos financeiros da firma.

Não é apenas esse tipo de ocorrência fortuita que provoca variações nos demonstrativos financeiros. As empresas também mudam o método de cálculo de itens como estoque e depreciação.

Se for feita uma alteração nos métodos de contabilidade, haverá notas explicativas a esse respeito. Além disso, o efeito acumulado causado pela mudança vai aparecer no balanço patrimonial, que é um dos principais demonstrativos financeiros de uma empresa.

As regras contábeis variam de país para país. Nos Estados Unidos, elas são estabelecidas pelo FASB – Financial Accounting Standards Board (Comitê para Padrões Contábeis e Financeiros). Essas regras são conhecidas como GAAP – Generally Accepted Accounting Principles (Princípios de Contabilidade Geralmente Aceitos). No Brasil, as Normas Brasileiras de Contabilidade (NBC) estabelecem as regras de conduta profissional e os procedimentos técnicos. A observância dos Princípios Fundamentais de Contabilidade (PFC) é obrigatória no exercício da profissão e constitui condição de legitimidade dos demonstrativos financeiros.

Seguem algumas fontes de consulta no que se refere às regras contábeis a que se submetem as empresas:

Relatório anual: Solicite à empresa em análise o último relatório anual.

Comissão de Valores Mobiliários: Você poderá obter cópias dos relatórios que as sociedades anônimas de capital aberto (que têm ações negociadas na Bolsa) são obrigadas a apresentar a esse órgão governamental.

Publicações especializadas: Informe-se sobre os padrões no seu setor de atuação e as mudanças propostas.

"Você não precisa conhecer as regras. Só tem de saber onde encontrá-las."

POR QUE PRECISO LER DEMONSTRATIVOS FINANCEIROS?

CONHEÇA OS RESULTADOS

O demonstrativo financeiro é o instrumento utilizado pelas empresas para apresentar seu resultado.

No universo esportivo, é importante que os times tenham informações como o número de vitórias e derrotas, quantas vitórias obtiveram em casa e o desempenho de cada jogador.

O demonstrativo financeiro tem o mesmo propósito. Ele fornece os números brutos necessários para se criarem dados estatísticos significativos que ajudarão a responder a perguntas do tipo: qual a linha de produtos mais lucrativa da empresa? Como a empresa vem usando seus ativos? A empresa tem um esquema eficiente de cobrança?

Uma vez que o técnico conheça os dados estatísticos referentes ao desempenho coletivo e individual de seus jogadores, ele usa essas informações de várias formas. Primeiro compara os números atuais com os do campeonato do ano passado para ver se houve melhora ou queda no rendimento do time. Depois compara os dados do time com os de outros clubes para inseri-los num contexto. Saber simplesmente que um time tem uma média X ou Y de gols não quer dizer muita coisa, a não ser que se compare esse dado à média de gols de outros clubes.

Os demonstrativos financeiros funcionam da mesma forma que os dados estatísticos no futebol, por exemplo. A informação contida neles é mais útil se comparada ao desempenho da empresa durante o exercício anterior e também ao de outras empresas do ramo.

Muitos executivos se apóiam nos demonstrativos financeiros como parâmetro para a tomada de decisões. Investidores em potencial fazem cálculos para avaliar a lucratividade de uma empresa antes de comprar ações. Da mesma forma, um credor avalia a capacidade que uma empresa tem de saldar suas dívidas antes de lhe conceder um empréstimo. Gestores avaliam se um plano de marketing foi bem-sucedido analisando o desempenho de uma linha de produtos no mercado.

Para tomar decisões importantes com base nos demonstrativos financeiros, é preciso ir além de uma simples passada de olhos nos números. Uma análise rápida, sem os devidos cuidados, só irá levar a conclusões precipitadas e, conseqüentemente, falhas.

O demonstrativo financeiro pode mostrar o desempenho de cada departamento da empresa. Da mesma forma, pode fornecer uma outra perspectiva acerca dos problemas que ela esteja enfrentando. No entanto, para se inteirar completamente da situação, uma investigação mais profunda se faz necessária.

A fim de entender melhor os demonstrativos financeiros, tenha em mente três tarefas:

- Identifique os números mais significativos.
- Leia com atenção e pergunte por quê.
- Analise todo o demonstrativo financeiro.

Seguem os três tipos mais importantes de demonstrativo financeiro:

Balanço patrimonial: Lista o ativo, o passivo e o patrimônio líquido, que é a referência do valor da empresa para os acionistas.

Demonstração do resultado: Deduz as despesas da receita para chegar ao lucro líquido.

Demonstrativo de fluxo de caixa: Mostra as fontes, a utilização e a disponibilidade do dinheiro.

"Lembre-se de três coisas para entender um demonstrativo financeiro: identificar, ler com atenção e analisar."

SÓ QUERO SABER SE O BALANÇO ESTÁ EQUILIBRADO

ANALISE MINUCIOSAMENTE O BALANÇO

O balanço patrimonial retrata a situação financeira da empresa ao final de um período contábil, seguindo uma equação simples:

Ativo = Passivo + Patrimônio Líquido

Sempre que um dos lados aumenta ou diminui, o outro tem de fazer o mesmo. Por exemplo, se uma empresa compra um novo equipamento a crédito, o ativo aumenta para mostrar o equipamento recém-adquirido, enquanto o passivo também aumenta para mostrar o montante que a empresa deve por aquela compra.

Os ativos mostrados no balanço dividem-se em ativo circulante e ativo realizável a longo prazo. O ativo circulante é o dinheiro e outros bens que se espera converter em dinheiro dentro do prazo de um ano. São itens comuns do ativo circulante: dinheiro, contas a receber e estoque. O ativo realizável a longo prazo inclui propriedades, instalações e equipamentos.

Da mesma forma que o ativo, o passivo é classificado como circulante e realizável a longo prazo. As dívidas do passivo circulante devem ser saldadas dentro do período de um ano e incluem contas a pagar e folha de pagamento – valores devidos aos funcionários, mas que ainda não foram pagos. Aluguéis e débitos a serem pagos em período superior constituem o passivo a longo prazo.

O patrimônio líquido é o valor que os sócios têm no negócio.

Nicko Corporation
Balanço patrimonial do exercício findo em 30 de junho

Ativo	
Total do ativo circulante	50.000,00
Total do ativo a longo prazo	5.000,00
Total do ativo	55.000,00
Passivo	
Total do passivo circulante	25.000,00
Total do passivo a longo prazo	8.000,00
Total do passivo	33.000,00
Patrimônio líquido	22.000,00
Total do passivo e do patrimônio líquido	55.000,00

Ao ler o balanço, tenha em mente os seguintes pontos:

Contas a receber: Como a empresa lida com clientes que provavelmente não saldarão suas dívidas?

Estoque: O estoque é totalmente vendável?

Débitos a longo prazo: Qual a relação entre o passivo a longo prazo e o passivo circulante?

"O balanço mostra a situação financeira da empresa num determinado dia."

CONCENTRE-SE NA ÚLTIMA LINHA

LEIA TODA A DEMONSTRAÇÃO DO RESULTADO

A última linha na demonstração do resultado é o lucro líquido, que significa o montante da receita que permanece na empresa depois que se deduzem todos os custos e despesas.

A demonstração do resultado apresenta a receita e as despesas de um determinado período, em geral mês, trimestre ou ano. Também recebe o nome de demonstração de lucros e perdas, porque fornece duas medidas de lucratividade – lucro bruto e lucro líquido –, chamadas de resultado bruto e resultado líquido.

O lucro bruto é a receita de vendas menos o custo dos produtos vendidos. O custo dos produtos vendidos inclui o estoque consumido ou vendido, a mão-de-obra associada à produção e outros custos relacionados.

O lucro líquido é a receita das vendas menos todos os custos e despesas. Em geral é mostrado tanto antes da incidência de impostos quanto depois. O lucro líquido referente a cada ação da empresa também é registrado.

Esse demonstrativo aponta o lucro bruto seguido das despesas, que são agrupadas em categorias como vendas e marketing, tecnologia, pesquisa e desenvolvimento de projetos, além das despesas gerais e administrativas.

Para facilitar a leitura das demonstrações do resultado, todas as empresas, independentemente do porte, seguem o mesmo formato:

Nicko Corporation
Demonstração do resultado
do exercício findo em 30 de junho

Vendas	100.000,00
Custo dos produtos vendidos	(30.000,00)
Lucro bruto	70.000,00
Despesas	
Pesquisa e desenvolvimento de projetos	10.000,00
Gerais e administrativas	40.000,00
Total de despesas	(50.000,00)
Lucro líquido	20.000,00

Ao ler uma demonstração do resultado, atente para o seguinte:

Números do exercício anterior: Os números do exercício anterior normalmente aparecem ao lado dos atuais.

Itens incomuns: São ocorrências únicas, como lucro ou perda decorrente do término de alguma transação.

Prejuízo bruto ou líquido em vez de lucro: Esses fatores vão requerer pesquisa adicional para se descobrirem as causas de sua ocorrência.

"A demonstração do resultado mostra o lucro num determinado período."

NÃO TENHO A MENOR IDÉIA DE ONDE FOI PARAR O DINHEIRO

CONFIRA O FLUXO DE CAIXA

Muitas pessoas conhecem bem o balanço e a demonstração do resultado, mas nem tanto o demonstrativo de fluxo de caixa. Em certas situações, o demonstrativo de fluxo de caixa pode ser o mais importante dos três. Uma empresa pode manter suas atividades sem gerar lucro, mas não dura muito com um fluxo de caixa negativo.

Quando se ouve o termo demonstrativo de fluxo de caixa, imagina-se um relatório de entrada e saída de dinheiro, da mesma forma que se faz com o talão de cheques. Embora o método demonstre o fluxo de entrada e saída de dinheiro na empresa, ele é falho ao demonstrar a relação entre o lucro líquido e o fluxo de caixa líquido.

O demonstrativo de fluxo de caixa começa com o lucro líquido e depois uma série de ajustes é efetuada para que o lucro líquido e o fluxo de caixa líquido se equiparem. O método para realizar esses ajustes é complexo e requer um profundo conhecimento de como vários saldos de conta afetam o caixa.

Os ajustes são então divididos em três grupos: operações, investimentos e financiamentos. Segue uma versão simplificada de um demonstrativo de fluxo de caixa que exibe algumas partes fundamentais desse tipo de relatório contábil:

Demonstrativo de fluxo de caixa do exercício findo em 31 de dezembro

Operações	
Lucro líquido	100.000,00
Adicione depreciação (visto que não há desembolso de caixa)	5.000,00
Fluxo de caixa decorrente de operações	105.000,00
Investimentos	
Compra de equipamentos	(10.000,00)
Fluxo de caixa empregado em investimentos	(10.000,00)
Financiamentos	
Empréstimos bancários	15.000,00
Fluxo de caixa proveniente de financiamentos	15.000,00
Fluxo de caixa líquido	110.000,00
Saldo de caixa inicial	15.000,00
Saldo de caixa final	125.000,00

Entender o demonstrativo de fluxo de caixa não é uma tarefa tão fácil como parece. Veja abaixo algumas dicas que poderão ajudá-lo.

Siga os números: Os itens constantes do demonstrativo de fluxo de caixa são provenientes de outros demonstrativos financeiros.

Propósito do demonstrativo: O demonstrativo de fluxo de caixa serve como ferramenta de análise.

Não se desespere: Você não precisa entender os ajustes. Verifique apenas a coluna da direita para conferir o resultado líquido.

"O demonstrativo de fluxo de caixa é uma ferramenta que as empresas utilizam para gerenciar os fundos disponíveis."

PULE AS NOTAS

DÊ ATENÇÃO ÀS NOTAS EXPLICATIVAS

Uma das regras básicas para se entender um demonstrativo financeiro é ler suas notas explicativas (ou de rodapé), um recurso valioso que não pode ser desprezado.

Uma das razões pelas quais as notas explicativas são fundamentais é que os dados de um demonstrativo financeiro são normalmente registrados em um formato resumido. Se, por um lado, isso facilita a leitura do relatório, por outro, alguns pontos vitais podem carecer de explicação detalhada. Além disso, não há espaço nos demonstrativos financeiros para informações sobre processos judiciais ainda em curso que poderiam impactar futuras operações.

As notas explicativas também servem como um espaço em que transações contábeis complexas podem ser explicadas. Na hora de preparar os demonstrativos financeiros, a abordagem de certas operações pode ter um critério subjetivo, por isso o resultado dessas decisões pessoais deverá constar das notas.

Em alguns casos, as notas explicativas contêm informações detalhadas de números que aparecem em demonstrativos financeiros, como despesas ou contas do passivo. Um exemplo são as contas a pagar a longo prazo lançadas no balanço patrimonial como um montante consolidado. Entretanto, como a liquidação de um débito pode afetar o fluxo de caixa, o prazo fixado para futuros pagamentos é importante para quem lida com demonstrativos financeiros. Pode haver algum dado sobre esse aspecto nas notas explicativas, que mostram a tabela com as datas em que os pagamentos devem ser efetuados.

Em outras situações, como um processo judicial movido contra a empresa, as notas explicativas podem descrever e explicar a situação. Normalmente, cada nota relata a ação que provocou o litígio e a opinião dos advogados a respeito de possíveis riscos de perda para a empresa.

Uma das seções mais importantes das notas explicativas é a divulgação da política e das práticas contábeis adotadas pela empresa, como, por exemplo, os critérios de avaliação do estoque e como são alocados os custos dos itens do ativo ao longo de sua vida útil. Nessa mesma seção também se discute como a empresa lida com moeda estrangeira e instrumentos financeiros.

Outras seções das notas explicativas fornecem informações detalhadas sobre débitos a longo prazo, contratos de aluguel e impostos. As notas também tratam de assuntos como planos de aposentadoria e pensões, relatando os custos e o valor dos fundos arrecadados.

Além disso, as notas também trazem informações sobre as ações oferecidas aos funcionários e como a compensação baseada nas ações da empresa foi calculada.

Ao ler um demonstrativo financeiro, não deixe de usar as notas explicativas como referência. Eis os pontos principais que constam das notas explicativas:

Políticas e práticas contábeis importantes: Informações sobre as políticas de estoque, depreciação e amortização.

Detalhamento de despesas: Informações detalhadas sobre despesas com propaganda, promoções e pesquisa e desenvolvimento de projetos.

Fatores que afetam futuros fluxos de caixa: Tabelas de pagamento de débitos a longo prazo, aluguéis e impostos.

"As notas explicativas são leitura obrigatória."

UM ESTOQUE ABARROTADO PODE SER BOM

OBSERVE SE O ESTOQUE ESTÁ ALTO DEMAIS

Para a maioria das empresas, o estoque é a fonte da saúde financeira. Afinal de contas, se não há produtos para vender, uma companhia não vai se sustentar por muito tempo.

Uma vez que o estoque é tão vital para a sobrevivência de uma empresa, conclui-se então que quanto maior o estoque, melhor. Infelizmente, nem sempre isso é verdade.

Um estoque alto pode indicar que a empresa está produzindo em excesso e não está utilizando seus recursos de maneira inteligente. Essa mesma situação também pode significar que no estoque há mercadorias que jamais serão vendidas. Para saber se é esse o caso, é necessário algum tipo de investigação.

Certamente você precisará recorrer às notas explicativas para conhecer a política de estoque da empresa. Uma mudança no método de avaliação do estoque é um mau sinal, já que pode indicar um problema com o saldo final.

O estoque é composto por mercadorias que serão vendidas ao longo das atividades normais da empresa. No comércio varejista, o estoque armazena o produto final pronto para ser vendido. Na indústria, o estoque é composto de matérias-primas, mercadorias em fase de produção e mercadorias finalizadas. Já que estocar gera custos, as empresas fazem de tudo para manter uma quantidade ideal de mercadoria estocada, ou seja, uma quantidade mínima capaz de satisfazer as necessidades dos clientes.

Ao término de um ano fiscal, as empresas registram o estoque disponível. Existem vários métodos de se estimar o estoque, dentre eles os chamados *último a entrar e primeiro a sair* e *primeiro a entrar e primeiro a sair*. O tipo de mercadoria e as normas do setor influenciam a escolha do método de avaliação de estoque.

Como regra geral, uma vez que uma empresa escolhe um método, somente sob circunstâncias extraordinárias ele deverá ser mudado. Caso isso ocorra, as razões para a mudança deverão estar nas notas explicativas.

O ideal é que as mercadorias que não tiverem valor de revenda sejam eliminadas ao término daquele exercício e não incluídas no saldo final. Essas mercadorias podem ser itens obsoletos, deteriorados ou avariados. Um saldo de estoque com valor alto pode significar que as mercadorias não foram excluídas dos registros.

Outra forma de identificar problemas é calcular a rotatividade do estoque, ou seja, quantas vezes o estoque é vendido e reabastecido com novas mercadorias. Esse valor é determinado pela divisão do custo das mercadorias vendidas listadas na demonstração do resultado pelo saldo de estoque. Se o resultado for um valor alto, isso significa que há uma grande rotatividade de mercadoria e, conseqüentemente, o saldo de estoque é baixo. Quanto mais alto for esse índice, melhor.

Seguem algumas dicas para você verificar se o saldo de estoque está correto:

Compare estoque e vendas: Compare o saldo de estoque com o montante de vendas do exercício atual e com o dos exercícios anteriores. Verifique se as vendas se mantiveram estáveis mas, em contrapartida, o estoque aumentou.

Determine a rotatividade do estoque: Verifique esse índice com base nos padrões estabelecidos pelo setor.

Consulte publicações especializadas: Assegure-se de que as mercadorias que a empresa vende não estejam ultrapassadas.

"Um estoque alto pode ser sinal de perdas futuras."

EXAMINE AS CONTAS A RECEBER

FIQUE ATENTO AOS AJUSTES

Quando você for avaliar um demonstrativo financeiro, provavelmente irá querer examinar as contas a receber. É importante verificar que aquele valor reflete exatamente o montante que a empresa espera receber de seus clientes, e não o montante que lhe é devido.

Quando a mercadoria é vendida, a transação é lançada, aumentando tanto as vendas quanto as contas a receber. O montante de faturas permanece em contas a receber até que a fatura seja paga ou então até que se perceba que o pagamento não será efetuado e, por conseguinte, aquela fatura seja cancelada. Ou seja, o valor referente àquela venda não poderá ser lançado no demonstrativo financeiro como dinheiro que entra para a empresa.

Por ocasião de uma venda, a empresa não tem como assegurar se aquela fatura será ou não paga. Além disso, o cancelamento da fatura insolúvel pode levar meses ou até anos. Esse atraso pode acarretar um erro de registro em contas a receber até que o montante referente àquela fatura seja excluído dos livros.

Para evitar erros de registro em receitas e contas a receber, os contadores usam uma conta reserva denominada provisão para devedores duvidosos. Esse tipo de reserva compensa as contas a receber e diminui o lucro líquido. A provisão para devedores duvidosos normalmente constitui uma percentagem de contas a receber e é ajustada no final de cada período contábil.

Em função do efeito sobre o lucro líquido causado pelos cancelamentos em contas a receber, as empresas às vezes mascaram os créditos incobráveis. Uma forma de verificar esse problema é comparar as vendas do exercício atual e as dos exercícios anteriores com os saldos de contas a receber. Estes devem seguir a tendência das vendas. Por exemplo, se houve um discreto aumento nas vendas, o mesmo deve acontecer com o total de contas a receber. Se, ao contrário, o registro das contas a receber estiver muito maior, é sinal de que há um excesso.

Uma outra maneira de identificar contas a receber inflacionadas é calcular a rotatividade desse fator. Para isso, divida as vendas pelas contas a receber. O resultado mostra quantas vezes no ano a empresa recebeu todas as contas devidas pelos clientes. Como regra geral, quanto maior esse valor, melhor.

Conhecendo-se o índice de rotatividade, é possível determinar a média de dias que se leva para receber as contas, dividindo 365 pelo índice de rotatividade. De um modo geral, as empresas recebem num intervalo de 30 dias. Por isso, a referência é 30. Se esse período for muito superior a 30 dias, é sinal de que a empresa está tendo problemas em receber os valores a ela devidos ou então não está conseguindo ajustar as contas a receber com as faturas que nunca serão pagas.

Siga estas dicas quando for verificar as contas a receber:

Calcule a rotatividade: Compare os índices do exercício atual com os dos anteriores.

Crie um ponto de referência: Investigue a concorrência para estabelecer um parâmetro do setor para a rotatividade de contas a receber.

Continue buscando informações: Tome nota das políticas de crédito e de cobrança da empresa.

"Verifique se a empresa cancela prontamente os créditos incobráveis."

NÃO IMPORTA QUANDO UMA VENDA OCORREU

VERIFIQUE SE A RECEITA É VERDADEIRA

A receita é um dos principais elementos de um demonstrativo financeiro. Os gestores encontram-se freqüentemente sob pressão para atingir metas num intervalo de um trimestre ou um ano. Atingir essas metas produz um impacto positivo na empresa, pois agrada aos acionistas, aumenta a participação dos funcionários nos lucros e amplia as linhas de crédito.

É comum os gerentes maquiarem os números para fazer com que eles comuniquem um resultado melhor do que o real. Na verdade, uma receita incorreta é a razão mais freqüente para que as empresas corrijam os ganhos nos demonstrativos financeiros que já foram publicados e entregues aos órgãos governamentais competentes.

Enquanto a maioria das empresas segue os padrões de verificação de receita, as vendas são a parte do demonstrativo financeiro que deve ser mais cuidadosamente examinada. Sabendo como as empresas inflacionam a receita, você poderá procurar por sinais de alerta.

A receita é lançada sempre que ocorre uma venda. Isso se dá quando há transferência de propriedade ou então quando um serviço é prestado. Em alguns casos, essa transferência acontece no momento em que a mercadoria deixa a empresa; em outros, essa transferência só ocorre quando a mercadoria é entregue ao cliente. A fatura ou contrato especifica os termos da transferência.

Quando uma empresa prepara uma demonstração do resultado, as vendas devem refletir todas as transações comerciais ocorridas durante aquele período específico. À medida que o fim do ano ou do trimestre se aproxima, algumas empresas tentam elevar os números de vendas. Pode ser que o movimento no setor de expedição aumente, com os funcionários passando horas preenchendo ordens de serviço antes que o mês termine.

Entretanto, quando esse esforço de última hora não é suficiente para atingir a meta, algumas empresas podem resolver inflar o quantitativo das vendas. Elas fazem isso incluindo transações comerciais não efetuadas. É claro que essa medida só serve para diminuir as vendas no período seguinte e talvez ocasionar ainda mais manipulação nos números para que as metas sejam alcançadas.

É possível perceber indícios de receita indevida em contas a receber. Como as transações comerciais aumentam tanto as vendas quanto contas a receber, um número elevado de vendas terá um valor em contas a receber proporcionalmente inflacionado.

Você pode identificar esse tipo de problema calculando a rotatividade e o período de contas a receber discutidos anteriormente. Se as transações comerciais tiverem sido lançadas cedo demais, haverá um longo intervalo entre esse registro e a efetuação do pagamento da fatura. Essa situação irá resultar numa baixa rotatividade do estoque e num alongamento de contas a receber.

Para ter certeza de que as vendas foram registradas corretamente, observe o seguinte:

Lançamento de contratos de longo prazo: Que montante de receita de contratos de longo prazo foi lançado no exercício atual?

Lançamento da receita atual de vendas em exercícios futuros: É comum a receita atual de vendas ser lançada em exercícios futuros para equilibrar quantitativos de vendas irregulares. Para identificar essa situação, procure por uma alta rotatividade em contas a receber e um curto período de recebimento.

Política de verificação da receita: Quais são os procedimentos adotados pela empresa?

"Lembre-se de verificar se as vendas são lançadas no momento em que ocorrem."

GUARDE OS DEMONSTRATIVOS FINANCEIROS NA GAVETA

ANALISE, ANALISE E ANALISE

Demonstrativos financeiros são mais do que um exercício de matemática. São importantes ferramentas administrativas. Entretanto, para tirar o máximo proveito desses demonstrativos, você de fato precisará fazer alguns cálculos.

Não basta ler os números apresentados. Para entender o que eles dizem, você deve colocá-los num contexto; uma forma de fazer isso é comparar os resultados do exercício mais recente com os do ano anterior.

Observe esta demonstração do resultado:

	Demonstrativo mais recente	Exercício anterior
Total líquido de vendas	120.000,00	100.000,00
Custo das mercadorias vendidas	(27.000,00)	(30.000,00)
Lucro bruto	93.000,00	70.000,00
Despesas decorrentes das vendas	6.000,00	5.000,00
Despesas administrativas	45.000,00	25.000,00
Total de despesas	51.000,00	30.000,00
Lucro líquido	42.000,00	40.000,00

Quando se observa um demonstrativo como esse, os números que tiveram um aumento ou uma queda significativa chamam atenção. Você deve analisar os demonstrativos para estabelecer relações que expliquem essa variação.

Note que, nessa demonstração, o total líquido de vendas teve um aumento de 20 mil reais, ou seja, de 20%, ao passo que as despesas cresceram em mil reais, ou seja, um aumento também de 20%.

Embora as vendas tenham crescido 20%, o custo das mercadorias vendidas diminuiu em 3 mil reais, ou 10%. O que provocou essa mudança? Se você observar as despesas administrativas, vai verificar um aumento de 20 mil reais, ou 80%. Existe uma relação entre essas duas diferenças?

Infelizmente, esse formato resumido não fornece informações detalhadas das despesas, mas, caso fornecesse, mostraria um aumento de 20 mil reais em salários. Você também descobre mais adiante que a empresa contratou um funcionário para o setor de compras que consegue preços mais baixos dos fornecedores.

O mesmo tipo de análise pode ser feito no balanço patrimonial e na demonstração de lucros acumulados. Para isso, use um formato comparativo para mostrar os números do exercício mais recente e os do exercício anterior. Então tome nota dos números que tiveram um aumento ou uma queda significativa e investigue a causa subjacente.

Eis algumas sugestões para ajudá-lo a analisar os demonstrativos financeiros:

Compare com os números dos concorrentes: Faça uma análise comparativa dos números mais recentes com a média do setor.

Considere alternativas: Não aceite de pronto a primeira resposta a uma pergunta.

Continue buscando respostas: Se você não encontrar de imediato uma resposta, continue sua busca.

"Vale a pena examinar minuciosamente os demonstrativos financeiros."

LANCE MÃO DE MUITOS ÍNDICES

USE ÍNDICES SIGNIFICATIVOS

Depois que você terminar de ler os demonstrativos financeiros, talvez se pergunte: "O que querem dizer esses números? A empresa tem condições de pagar suas contas? É lucrativa?"

Para encontrar as respostas a essas perguntas, você pode usar os números fornecidos nos demonstrativos financeiros para criar índices que avaliem a situação financeira e a lucratividade da empresa. Investidores potenciais, banqueiros e gestores de um modo geral usam índices para avaliar o desempenho das empresas e os pontos fortes e fracos na sua saúde financeira.

Há índices para avaliar quase tudo. Lance mão daqueles que contêm a informação que você busca. Por exemplo, seu interesse poderá estar voltado para índices que mostram o crescimento da empresa e se ela trabalha de forma eficiente com o ativo e o passivo.

O mais usado é o índice preço/lucro (P/L). Esse índice é calculado dividindo-se o valor de uma ação no mercado pela rentabilidade de cada ação. O resultado mostra a relação entre o preço da ação e a rentabilidade que ela vai gerar para o investidor. Esse mesmo índice mostra o retorno que os acionistas receberam com o investimento. Porém esse índice por si só não diz muito e deve ser comparado ao índice P/L de outras empresas.

Além do índice P/L, existem outros quatro comumente usados:

Índice (ou quociente) de liquidez corrente (Ativo circulante / Passivo circulante). Esse índice é calculado na proporção 3:1. Informa a capacidade de a empresa gerar caixa por meio da venda de itens do ativo para liquidar dívidas. À primeira vista, parece que a proporção 1:1 seria adequada, mas as empresas, de um modo geral, buscam obter a proporção 2:1 em virtude de possíveis atrasos no recebimento de faturas.

Índice (ou quociente) de liquidez seca (Caixa + Contas a receber / Passivo circulante). Esse índice é calculado na proporção 1,4:1. É similar ao índice de liquidez corrente, a não ser pelo fato de que agora exclui-se o estoque do cálculo por causa dos problemas que podem surgir para realizar sua venda, tais como obsolescência e perecimento. Não há um padrão ideal de índice, uma vez que ele varia de setor para setor.

Margem de lucro bruto (Lucro bruto / Valor bruto das vendas). Esse índice aparece em forma de percentagem. Ele mostra o lucro que a empresa obtém sobre as vendas depois de deduzido o custo de produção e antes de se subtraírem outros custos, como despesas gerais e administrativas.

Margem de lucro líquido (Lucro líquido / Valor bruto de vendas). Também é demonstrada em percentagem e mostra o lucro obtido pela empresa com as vendas depois de deduzidos todos os custos.

Independentemente do índice usado, há alguns princípios que você pode seguir para compreender melhor os números:

Faça dos índices um hábito: Não use os índices apenas uma vez, abandonando-os depois.

Compare com os padrões do setor: Estabeleça um parâmetro.

Aplique os índices a cada linha de produtos: Assim você poderá identificar com precisão as áreas mais lucrativas da empresa.

"Os índices financeiros são o boletim escolar do mundo dos negócios."

POR QUE PRECISO CONHECER O ATIVO IMOBILIZADO?

SAIBA A IMPORTÂNCIA DO ATIVO IMOBILIZADO

O ativo fixo ou imobilizado é composto pelo ativo físico que as empresas possuem e usam em suas atividades, como veículos, máquinas, instalações e terras não cultivadas. Visto que esses itens do ativo requerem altos investimentos, a forma como os custos decorrentes de cada um deles são lançados nos livros pode causar impacto significativo no lucro líquido.

O ativo imobilizado é considerado ativo a longo prazo, visto que se espera que ele dure mais de um ano. No entanto, à medida que as máquinas e os equipamentos são usados, seu valor decresce. Esse decréscimo no valor do ativo imobilizado é representado pela depreciação, que serve para diluir o custo do ativo ao longo de sua vida útil.

O ativo imobilizado sofre depreciação ao longo dos anos porque, se seu custo fosse contabilizado no ano da compra, geraria um lucro líquido falso no exercício de sua aquisição, assim como nos demais em que o equipamento estivesse operando. Para compreender como isso funciona, observe o exemplo que se segue.

A Nicko Corporation resolveu substituir um equipamento por um novo que custará 50 mil reais e que tem vida útil estimada em cinco anos. A receita da empresa no ano em que ela adquiriu o equipamento era de 200 mil reais e no ano seguinte foi de 250 mil reais.

Agora vejamos o efeito que a compra do equipamento produziu nas despesas ao longo dos anos 1 e 2. Se o equipamento tivesse sido contabilizado no ano 1, afetaria o lucro líquido, como demonstra o esquema:

	Ano 1	Ano 2
Vendas	200.000,00	250.000,00
Equipamento	(50.000,00)	———
Lucro líquido	150.000,00	250.000,00

Lançar o custo total do equipamento no primeiro ano deturpa o lucro líquido nos dois exercícios e dá a entender que o equipamento foi completamente desgastado no ano 1 e que não foi utilizado no ano 2.

Agora observe o que acontece se a Nicko optar por uma depreciação linear, um método que dilui o custo do equipamento ao longo de sua vida útil, estimada em 5 anos.

	Ano 1	Ano 2
Vendas	200.000,00	250.000,00
Equipamento	———	———
Depreciação	(10.000,00)	(10.000,00)
Lucro líquido	190.000,00	240.000,00

No segundo registro contábil, a despesa com a depreciação nos anos 1 e 2 reduziu o lucro líquido nos dois exercícios, servindo assim para equivaler a receita às despesas necessárias para gerá-la. Os 10 mil reais de despesa de depreciação também seriam contabilizados em relação às vendas nos anos 3, 4 e 5.

A seguir, outros fatos sobre o ativo:

Balanço patrimonial: O imobilizado aparece como ativo de longo prazo no balanço, deduzindo-se a depreciação acumulada ao longo do tempo.

Notas explicativas: Essas notas fornecem informações precisas e detalhadas dos itens que compõem o ativo imobilizado.

Bens de pequeno valor: Em geral, itens pequenos e/ou baratos são lançados no ano de sua compra porque seria impraticável manter um controle patrimonial sobre eles durante um longo período.

"A depreciação distribui o custo do equipamento ao longo dos anos de sua vida útil."

GOODWILL DEVE SER BOM PARA A EMPRESA

APRENDA MAIS SOBRE *GOODWILL*

Sempre que se ouve o termo *goodwill* (que, no Brasil, equivale ao conceito de fundo de comércio) no contexto de finanças, pensa-se no ativo intangível que provém da reputação que a empresa conquistou junto a seus clientes, fornecedores e concorrentes, ou seja, no mercado.

O fundo de comércio, ou *goodwill*, é resultante de um conjunto de fatores, que incluem o nome ou a marca, a tradição no mercado, a imagem associada à qualidade de seus produtos ou serviços, a clientela já existente e a que pode ser atraída, o padrão de treinamento, qualidade e cordialidade de seus funcionários, entre outros, e o seu cálculo está ligado à capacidade da empresa de gerar lucros futuros.

O papel do *goodwill* é importantíssimo na decisão de uma empresa sobre comprar ou adquirir o controle de outra. O *goodwill* da empresa a ser comprada será cuidadosamente avaliado pela compradora e, dependendo dessa análise, esta pode se dispor a pagar um preço acima do valor patrimonial expresso em seus demonstrativos financeiros. Essa diferença paga a mais é o ágio do investimento.

Para se ter uma idéia de como o *goodwill* funciona, vamos

imaginar a seguinte situação: a Nicko Corporation quer comprar a Caffe d'Oro, empresa de torrefação e moagem de café. No momento da compra, a Caffe d'Oro possuía um ativo no valor de 400 mil reais e um passivo no total de 300 mil reais.

Depois de intensas negociações, chegou-se ao valor da compra: 500 mil reais. Como parte do acordo, a Nicko assumiu todo o passivo da Caffe d'Oro.

Um resumo dos números após a venda seria registrado da seguinte maneira:

Ativo	400.000,00
Passivo	300.000,00
Patrimônio líquido	100.000,00
Goodwill	400.000,00

O *goodwill* reflete a diferença entre o valor de compra, de 500 mil reais, e o valor patrimonial da indústria de café, de 100 mil reais (ativo menos passivo).

Poderia haver uma série de razões para a Nicko estar disposta a pagar 400 mil reais de ágio pela Caffe d'Oro. Talvez a empresa tenha um ativo ainda maior, não registrado no papel, como, por exemplo, uma nova tecnologia de torrefação que vai dobrar a capacidade de produção em três anos. Qualquer que tenha sido a razão, a Nicko certamente analisou bem as operações e a reputação da Caffe d'Oro antes de pagar por ela um valor superior ao registrado em seus livros contábeis.

Os livros da Nicko contabilizariam, no seu ativo, o investimento total na compra da Caffe d'Oro, ou seja, 500 mil reais.

Leia a seguir mais informações essenciais a respeito do *goodwill*:

Demonstrativos financeiros consolidados: Uma vez que a venda é concluída, quem compra une os demonstrativos financeiros das duas firmas.

Resultado dos exercícios seguintes: O lucro da empresa comprada é lançado como receita de equivalência patrimonial na demonstração do resultado da compradora.

Registro do *goodwill*: Apesar de as empresas brasileiras em geral não serem obrigadas por lei a mensurar e evidenciar o *goodwill* em seus registros contábeis, aquelas com ações negociadas na Bolsa de Valores devem fazê-lo em seus demonstrativos financeiros, inclusive detalhando os critérios de avaliação em notas explicativas.

"O *goodwill* está diretamente relacionado à reputação da empresa no mercado."

ELABORE O ORÇAMENTO ÀS PRESSAS

PREPARE, PREPARE E PREPARE

Se não existe fórmula mágica para fazer os dados orçamentários aparecerem do nada, há uma série de etapas que você pode seguir para executar o processo de maneira mais tranqüila. O truque é buscar ajuda com quem entende do assunto.

Em alguns casos, um bom começo pode ser uma conversa com um contador de sua confiança que esteja familiarizado com a sua empresa e com o ramo a que ela pertence. Prepare uma lista de perguntas para que você não deixe passar nada. Se algumas respostas forem muito técnicas, peça a ele que explique melhor.

Durante essa fase do processo, é interessante compartilhar informações com outros gerentes. Esse é o momento de verificar se há projetos futuros que necessitarão de recursos de seu departamento. Você também poderá investigar se existem recursos ainda não utilizados que possam reduzir as despesas sob sua responsabilidade.

Ouça com atenção as pessoas que se reportam a você, pois elas podem ter informações a respeito de equipamentos com defeito que talvez necessitem de reparo ou de substituição num futuro próximo. No entanto, como os funcionários nunca querem ser portadores de más notícias e quase sempre se retraem, faça perguntas que os levem a fornecer a informação desejada.

Nunca faça perguntas do tipo: "Todas as máquinas estão funcionando bem?" Em vez disso, faça perguntas que não dêem margem a um simples "sim" ou "não" como resposta. Por exemplo: "Que problemas você tem com os equipamentos?" Provavelmente, a resposta indicará a necessidade de mais pesquisas, bem como de fundos de reserva para despesas com reparos ou substituição de equipamentos.

Ao longo desse processo, você precisará consultar o orçamento do último exercício. Não chegue aos números do orçamento atual simplesmente aumentando os do ano anterior. Aquele serve apenas como referência. Embora seja útil, ele poderá conter informações desatualizadas nas quais você não deve confiar.

O orçamento de exercícios anteriores pode ajudá-lo a conhecer os pontos fortes e fracos de sua empresa no que se refere à elaboração orçamentária. Verifique os montantes orçados e os reais para saber em que setores as diferenças entre os dois valores foram menores e em que setores essas diferenças foram maiores. Procure formas de melhorar o processo e também de fazer previsões com a menor margem de erro possível.

Eis mais algumas dicas para ajudá-lo na elaboração orçamentária:

Faça tudo com antecedência: Você talvez precise de dois a três meses para levantar todas as informações necessárias.

Comece pela receita: Estabeleça metas de venda e depois determine que recursos serão utilizados para esse objetivo.

Evite o "chutômetro": Fundamente os seus números.

"Utilize os orçamentos dos exercícios anteriores como ponto de partida, não como solução para o problema."

ESTABELEÇA METAS DE VENDA REALISTAS

Prever as vendas para o orçamento anual consiste em buscar um equilíbrio. Se, por um lado, você quer estabelecer uma meta que motive os funcionários a se esforçarem ao máximo, também precisa ter certeza de que ela é alcançável.

Traçar metas realistas é fundamental, pois muitas decisões referentes ao fluxo de caixa são baseadas na projeção de vendas. Se houver uma expectativa de aumento nas vendas, a empresa pode querer investir em novos equipamentos ou contratar mais funcionários. Se o previsto não acontecer, entretanto, a empresa enfrentará sérios problemas com o fluxo de caixa.

Para fazer uma previsão de vendas com a menor margem de erro possível, você precisa de tempo para levantar e avaliar informações relevantes.

Uma forma de iniciar o processo é verificar se a previsão de vendas está de acordo com as metas da empresa. Se houver a intenção de abrir uma filial no exterior, você precisará incluir esse objetivo na sua previsão. Nesse caso, a projeção de vendas no mercado interno não será significativa, uma vez que o setor de vendas estará voltado para o mercado externo.

Como regra geral, é aconselhável que se separem as previsões de vendas conforme a linha de produtos e a localização geográfica.

Uma vez alinhada a sua avaliação com as metas da empresa, você poderá recorrer ao histórico de vendas. Esses dados podem servir de guia para analisar de que modo fatores tão diversos como estratégias da concorrência ou campanhas publicitárias afetam as vendas.

Os dados do histórico podem sugerir que reduzir o preço de um produto aumenta suas vendas. Assim, a redução de preços pode parecer tentadora até que investigações futuras provem que essa medida também diminui o lucro líquido. Uma boa política de preços não visa apenas ao aumento das vendas, mas também ao crescimento do lucro.

Parte da análise histórica de vendas deverá se voltar para transações comerciais recorrentes. Com base nesses dados, quantos negócios você espera fechar com os clientes atuais? Quantos contratos de longo prazo e encomendas confirmadas você já tem para o próximo ano?

Dois fatores considerados importantes por muitas indústrias são as vendas sazonais e as promoções especiais. Muitas empresas não têm um volume de vendas estável ao longo do ano e, com freqüência, essas flutuações seguem um padrão previsível.

O orçamento deve refletir essa variação no volume de vendas. Talvez você leve um pouco mais de tempo para fazer a previsão de vendas mês a mês, mas essa tática é preferível a simplesmente dividir o total previsto de vendas por 12. A divisão pode ser simples e rápida, mas gera um orçamento de vendas irreal e dificulta a comparação dos montantes orçados com os reais.

Avalie a expectativa de vendas fazendo o seguinte:

Sonde a concorrência: Informe-se sobre as mudanças na estratégia de vendas dos concorrentes.

Consulte publicações especializadas: Mantenha-se atualizado.

Fique atento ao surgimento de fatores incomuns: Haverá algum fato extraordinário capaz de afetar as vendas?

"Busque uma meta de vendas agressiva porém realizável."

CORTE CUSTOS INDISCRIMINADAMENTE

SEJA SENSATO AO CORTAR CUSTOS

Você passou semanas se matando em cima dos dados orçamentários, mas, finalmente, conseguiu ajeitá-los. Depois de todo esse trabalho, é natural que você se sinta aliviado ao entregar o orçamento da empresa.

Porém, justamente quando você pensa que o trabalho acabou, recebe a má notícia. A diretoria quer que você reveja os números e faça um corte de 10% nas despesas.

Você já espremeu o orçamento até o último centavo; como vai fazer para cortar ainda mais os custos?

Talvez você fique tentado a simplesmente fazer um corte de 10% no total dos custos, sem se importar se é possível ou não atingir as metas. Você chega à conclusão de que essa é a única maneira de fazer isso, visto que vai exigir de todo mundo a mesma cota de sacrifício. E, como cortar 10% de tudo não vai tomar muito do seu tempo, você pode fazer as mudanças necessárias sem esforço e voltar logo para as suas tarefas habituais.

Cortar impiedosamente 10% dos custos pode resolver o seu problema a curto prazo, só que mais adiante essa medida vai lhe trazer outras dificuldades. Sua função como gestor não é achar uma solução fácil e rápida para elaborar o orçamento. É de sua responsabilidade gerar um orçamento realista que sirva de guia ao longo de todo o ano. Isso quer dizer que você precisa verificar os números quantas vezes for necessário e descobrir onde há espaço para cortar custos.

Ao revisar o orçamento, verifique se cada item está alinhado com as metas da empresa. As despesas que estiverem destoando podem ser cortadas. Por exemplo, se a empresa não quer contratar novos funcionários no ano que vem, você pode reduzir ou cortar os custos com eventos promocionais cujo objetivo seria recrutar colaboradores.

Se no seu orçamento estiver incluída a compra de novos equipamentos, em vez de comprar você poderá alugar. Esse tipo de medida lhe dá a oportunidade de ter um equipamento de última geração ao mesmo tempo que diminui os gastos.

Você também pode pesquisar outras alternativas. Por exemplo, se sua empresa fabrica os produtos no espaço físico do cliente, talvez ele se interesse em comprar o equipamento e fazer um contrato de leasing com sua empresa.

Para os itens cuja compra for indispensável, veja se você consegue negociar com o fornecedor um bom preço ou melhores condições de pagamento. Em alguns casos, um financiamento longo pode representar uma economia significativa para os cofres da empresa.

Às vezes, pequenos cortes podem proporcionar uma grande economia. Por isso, observe com atenção o seguinte:

Pesquise preços e pechinche: Mas tome cuidado com reduções de custos que possam acarretar perdas no valor agregado do produto, como um bom serviço de atendimento ao cliente, por exemplo.

Considere a possibilidade de comprar equipamento usado: Equipamentos reformados ou recondicionados podem ser mais baratos e funcionar tão bem quanto os novos.

Reduza custos sendo mais eficiente: Substitua a papelada por sistemas computadorizados.

"Cortar custos não é uma ciência exata. Pode levar tempo até você acertar."

SIGA DE PERTO O FLUXO DE CAIXA

O orçamento de caixa é uma ferramenta indispensável para se administrar o fluxo de caixa, ou seja, saber se há ou não dinheiro disponível para saldar as despesas. O orçamento de caixa pode ser útil na hora de tomar decisões como escolher entre alugar ou comprar um equipamento ou oferecer promoções aos clientes visando proporcionar mais rapidez no pagamento das faturas.

O foco do orçamento de caixa está no dinheiro que entra e sai da empresa. As únicas transações consideradas são aquelas que afetam o saldo de caixa. Difere, portanto, do orçamento convencional, que inclui itens que não afetam o caixa, como vendas a prazo e depreciação do ativo.

Um orçamento de caixa deve mostrar o período entre o fechamento das vendas e o efetivo pagamento das faturas. Para as empresas que vendem a prazo, a entrada de caixa é adiada até que o cliente de fato efetue o pagamento. Nesse aspecto, o comércio varejista que só aceita transações à vista leva vantagem sobre aquele que precisa esperar pelo pagamento.

A saída de caixa funciona da mesma forma que a entrada. As despesas são incluídas somente na hora em que são pagas. Despesas fixas como aluguel e salários são fáceis de prever, visto que ocorrem a intervalos regulares. Por outro lado, é mais difícil prever despesas de emergência. Por isso, é aconselhável que você faça um fundo de reserva para essas ocorrências inesperadas.

O exemplo a seguir ilustra uma previsão trimestral de caixa:

Mês	Outubro	Novembro	Dezembro
Caixa (saldo inicial)	100.000,00	85.000,00	88.000,00
Recebimentos	50.000,00	35.000,00	14.000,00
Total de caixa disponível	150.000,00	120.000,00	102.000,00
Pagamentos			
Salários	10.000,00	10.000,00	10.000,00
Aluguel	2.000,00	2.000,00	2.000,00
Fornecedores	53.000,00	20.000,00	10.000,00
Total de saída	(65.000,00)	(32.000,00)	(22.000,00)
Caixa disponível no fim do mês	85.000,00	88.000,00	80.000,00

O orçamento de caixa costuma identificar com precisão possíveis problemas com o fluxo de caixa. Se houver algo errado, a empresa pode diminuir o volume de compras e adquirir somente os itens necessários. Além disso, seria interessante tentar negociar com os fornecedores prazos mais elásticos. Certas despesas, como salários, por exemplo, constituem um grande volume de saída de caixa, mas não podem ser adiadas.

Siga essas dicas para preparar seu orçamento de caixa:

Inclua os juros e a amortização de empréstimos bancários a curto prazo: Esses itens não aparecem no balanço nem no demonstrativo de resultados, mas pertencem ao orçamento de caixa.

Atualize-o mensalmente: Verifique se há caixa suficiente para cobrir as despesas futuras.

Preveja reparos: Se a empresa tiver equipamentos antigos, verifique se você incluiu despesas com manutenção.

"Um controle eficiente do fluxo de caixa pode ser a diferença entre manter a empresa em atividade ou levá-la à falência."

NÃO SE PREOCUPE COM VARIAÇÕES

IDENTIFIQUE POSSÍVEIS PROBLEMAS NO ORÇAMENTO

O objetivo do orçamento não é dar dor de cabeça aos gestores. Na verdade, ele pode ser o seu maior aliado. O orçamento é uma ferramenta útil de controle que ajuda a analisar a diferença entre resultados esperados e resultados reais.

Uma análise da variação do orçamento da empresa, mostrando exatamente em que os resultados reais diferem dos estimados, serve para identificar com precisão os departamentos que não estão conseguindo atingir suas metas.

Para tanto, você precisa olhar o orçamento e os números reais lado a lado, anotando a variação entre eles. Em vez de tentar descobrir se a variação é positiva ou negativa, talvez seja mais fácil registrar os percentuais de variação.

Veja a seguir uma versão simplificada de orçamento da Nicko Corporation mostrando os montantes reais e os previstos para o mês de julho:

Mês	Real Julho	Previsto Julho	Variação R$	Variação %
N.º de peças vendidas	100.000	125.000	(25.000)	- 20%
Total de vendas	300.000,00	375.000,00	(75.000,00)	-20%
Custo das peças vendidas	(145.700,00)	(155.000,00)	(9.300,00)	- 6%
Lucro bruto	154.300,00	220.000,00	(65.700,00)	-29,86%

	Real	Previsto	Variação R$	Variação %
Despesas				
Publicidade	5.000,00	15.000,00	10.000,00	-66,67%
Salários	55.000,00	55.000,00	0,00	0
Telefone	2.000,00	5.000,00	3.000,00	-60%
Depreciação	3.000,00	3.000,00	0,00	0
Total de despesas	65.000,00	78.000,00	13.000,00	-16,67%
Lucro líquido	89.300,00	142.000,00	52.700,00	-37,11%

A diretoria da Nicko tinha uma previsão de vendas no total de 375 mil reais, valor baseado numa promoção que começaria na primeira semana de julho. Porém, por causa de um atraso, a promoção ficou para agosto, e por conta disso os custos de publicidade e telefone tiveram uma grande redução em seu valor orçado, o que parece ser positivo.

O fato negativo é que as peças vendidas tiveram um custo muito mais alto, unitariamente, do que o valor orçado. Isso pode ser constatado dividindo-se o custo total pelo número de peças vendidas, ou pela diferença de variação da receita (-20%) e do custo (-6%). Essa diferença teve um impacto no lucro muito maior do que a redução da receita.

Inclua os seguintes passos na sua análise orçamentária:

Não se atenha aos números: Descubra o que está por trás deles.

Trabalhe com percentagens: Faça uma coluna que mostre a variação em termos de percentagem, dividindo a variação pelo orçamento (variação / orçamento). Isso facilita a leitura do orçamento.

Use o tempo de forma sensata: Só se detenha diante das variações que forem significativas.

"A análise orçamentária permite que você saiba onde é necessário agir."

CUSTO NÃO É TUDO IGUAL?

VEJA COMO AS VENDAS AFETAM OS CUSTOS

Ao preparar o orçamento, tenha em mente que nem todos os custos são gerados da mesma maneira. Embora os custos fixos não se alterem, não importando o volume de vendas, os variáveis aumentam ou diminuem conforme as vendas.

O entendimento de como se dá a relação entre custos e vendas irá ajudá-lo a fazer previsões sensatas em relação às despesas de seu departamento.

Os custos fixos são despesas que não variam durante certo tempo. Como exemplos, podemos citar aluguel, manutenção e reparos previstos, salários, honorários do contador e depreciação do ativo fixo.

Independentemente do total de peças que a sua empresa vender, os custos fixos serão sempre os mesmos.

Por outro lado, os custos variáveis aumentam e diminuem de acordo com as vendas. Quanto mais peças a empresa vender, maiores serão os custos variáveis. Custos variáveis típicos incluem matéria-prima, horas extras e outros pagamentos diretamente ligados à produção.

Exemplo: a Nicko Corporation quer vender peças a 10 reais cada uma. O custo fixo semanal da empresa é de 500 reais e os variáveis são de 2 reais por peça. Se, durante a primeira semana, a empresa vender 100 peças, terá um total de vendas no valor de mil reais, custos fixos no total de 500 reais e custos variáveis de 200 reais.

Agora suponhamos que, na segunda semana, a Nicko Corporation venda 200 peças. Nesse caso, o total de vendas será de 2 mil reais, o de custos fixos de 500 reais e o de custos variáveis de 400 reais.

Tanto numa semana quanto na outra, a Nicko Corporation teve custos fixos no valor de 500 reais, mas os custos variáveis tiveram um acréscimo de 200 reais com um adicional de 100 peças vendidas na segunda semana. Nesse caso, o total de custos da Nicko durante a primeira semana foi de 700 reais e, durante a segunda, de 900 reais.

Semana	N.º de peças vendidas	Vendas	Custos fixos	Custos variáveis	Total de custos
1	100	1.000,00	500,00	200,00	700,00
2	200	2.000,00	500,00	400,00	900,00

Da mesma forma que a Nicko, você precisará saber quais são os custos relacionados ao item vendas. Você então poderá incluir nos custos variáveis as despesas baseadas na previsão de vendas.

Esta estratégia irá ajudá-lo a separar os custos fixos dos variáveis:

Primeiro passo: Crie uma lista de todos os custos.

Segundo passo: Analise como os custos se relacionam com as vendas.

Terceiro passo: Agrupe seus custos em montantes fixos ou em montantes diretamente relacionados às vendas.

"Os custos variáveis aumentam ou diminuem conforme o volume de vendas."

ESCOLHA O TIPO IDEAL DE ORÇAMENTO PARA SUA EMPRESA

Ter um orçamento flexível não significa poder escolher qualquer tipo de orçamento ou quando fazer um. A flexibilidade está na gama de atividades a ele relacionadas.

Para empresas com uma variedade grande em termos de volume de vendas e custos variáveis, o orçamento flexível tende a ser uma opção melhor do que o orçamento fixo, visto que este não altera os custos previstos para refletir a variação no volume de vendas. Os orçamentos flexíveis tornam mais fácil para os gerentes estimar as variações nos custos que eles controlam.

O orçamento flexível começa com uma análise de custos fixos como aluguel e salários. Esses itens permanecerão inalterados, independentemente da previsão de vendas. O próximo passo é descobrir qual a relação entre custos variáveis e vendas.

Examinemos um exemplo de como uma empresa procede para montar um orçamento flexível. A Nicko Corporation, fabricante de pequenas peças, previu que suas vendas do mês de julho poderiam se dar em três diferentes níveis: 100.000, 250.000 e 300.000. A empresa vende a unidade por 2 reais.

A Nicko paga 15 mil reais mensais pelo aluguel da fábrica e tem uma folha de pagamento no total de 100 mil reais. Os funcionários que trabalham em tempo integral conseguem produzir 100 mil peças por mês. Para cada 50 mil peças extras que a empresa necessita produzir por mês, ela deve pagar 5 mil reais em horas extras. Além disso, a matéria-prima necessária para produzir 100 mil peças custa à Nicko 30 mil reais.

Segue o formato de orçamento flexível com as informações dadas anteriormente:

Volume de vendas	100.000,00	250.000,00	300.000,00
Receita	200.000,00	500.000,00	600.000,00
Custos fixos			
Aluguel	15.000,00	15.000,00	15.000,00
Salários	100.000,00	100.000,00	100.000,00
Custos variáveis			
Horas extras	——	15.000,00	20.000,00
Matéria-prima	30.000,00	75.000,00	90.000,00

No fim do mês, a diretoria comparou os números previstos com os reais:

	Reais	Previstos	Variação R$	Variação %
Peças produzidas	250.000	250.000		
Custos fixos	117.000,00	115.000,00	2.000,00	1,74%
Custos variáveis	105.000,00	90.000,00	15.000,00	16,67%

Poderia haver muitas razões para que os custos variáveis estivessem mais altos do que os previstos. Provavelmente a diretoria da Nicko iria querer investigar a causa dessas variações.

As dicas a seguir irão ajudá-lo a preparar o orçamento flexível:

Descubra a relação: Você vai precisar descobrir a relação existente entre os custos variáveis e as vendas.

Aplique uma fórmula: Se possível, desenvolva uma fórmula que calcule os custos variáveis baseados no volume de vendas.

Revise regularmente o orçamento flexível: Continue aprimorando o modelo.

"O orçamento flexível é uma boa opção para empresas que têm diferentes níveis de atividade comercial."

"Se você não encontrar imediatamente uma resposta, continue procurando por ela."

Conheça outros títulos da Coleção Desenvolvimento Pessoal

Como planejar e conduzir reuniões produtivas

BARBARA J. STREIBEL

Como planejar e conduzir reuniões produtivas explica passo a passo todo o processo de uma reunião de negócios bem-sucedida, desde o planejamento e a organização até a sua execução e, por fim, o acompanhamento dos resultados obtidos e das tarefas programadas.

Seguindo os princípios básicos e as linhas de orientação apresentados nesse livro, você vai ver que as reuniões bem-feitas são aquelas que têm objetivos claros, transformam os participantes em contribuintes ativos e levam a decisões que resultam em ação.

Aprendendo a lidar com pessoas difíceis

DR. RICK BRINKMAN E DR. RICK KIRSCHNER

Pessoas difíceis são um desafio. Na melhor das hipóteses, elas tornam a nossa vida mais estressante e desagradável. Na pior, atrapalham a realização de projetos pessoais e a conquista de metas profissionais importantes.

Esse livro mostra como extrair o melhor de pessoas problemáticas, mesmo quando elas exibem o pior de si mesmas. Apresentando técnicas eficazes e uma abordagem criativa, os autores ensinam o caminho das pedras – o aprendizado que pode ser extraído da convivência em grupo, apesar das diferenças – e os atalhos para impedir que as pessoas que o incomodam enfraqueçam seu desempenho no trabalho e na vida pessoal.

Os princípios de liderança de Jack Welch

JEFFREY A. KRAMES

Considerado um dos líderes empresariais mais bem-sucedidos do século XX, Jack Welch comandou durante duas décadas a General Electric, empresa na qual reescreveu as regras de liderança ao propor que os colaboradores, em vez dos burocratas, dissessem o que precisava ser feito. Sob o comando de Welch, a GE mostrou que é possível se reinventar e ainda assim permanecer no topo do ranking das mais valiosas empresas do mundo.

Welch revela os importantes conceitos que desenvolveu para executar a maior mudança corporativa da história. Cheio de sugestões e idéias práticas, esse livro ensina como uma liderança inovadora pode incentivar as pessoas a contribuir muito além do normal, encontrar satisfação na carreira e criar um ambiente de trabalho transformador e estimulante.

Como se tornar um bom negociador

STEVEN P. COHEN

Como se tornar um bom negociador tem por objetivo aumentar sua autoconfiança e ajudá-lo a conduzir com eficiência negociações de todo tipo, seja no campo profissional ou no pessoal.

O foco das 24 estratégias e técnicas apresentadas no livro é investir na preparação antes de começar a negociar, reunindo informações sobre os envolvidos e traçando um mapa de interesses que permita se chegar a um acordo.

A negociação nunca deve ser encarada como uma competição. A meta não é derrotar a outra parte, e sim bater as próprias metas; por isso, saber lidar com as emoções e promover um ambiente de cooperação são pontos fundamentais para quem deseja obter bons resultados na mesa de negociações.

Conheça os 30 Clássicos da Editora Sextante

O monge e o executivo, de James C. Hunter

Você é insubstituível, Dez leis para ser feliz, Pais brilhantes, professores fascinantes e *Nunca desista de seus sonhos*, de Augusto Cury

O Código Da Vinci e *Anjos e Demônios*, de Dan Brown

Jesus, o maior psicólogo que já existiu, de Mark W. Baker

Por que os homens fazem sexo e as mulheres fazem amor?, de Allan e Barbara Pease

O que toda mulher inteligente deve saber, de Steven Carter e Julia Sokol

Muitas vidas, muitos mestres, de Brian Weiss

Enquanto o amor não vem, de Iyanla Vanzant

Não leve a vida tão a sério, de Hugh Prather

A última grande lição e *As cinco pessoas que você encontra no céu*, de Mitch Albom

Um dia "daqueles" e *Querida mamãe, obrigado por tudo*, de Bradley Trevor Greive

Palavras de sabedoria, de Sua Santidade, o Dalai-Lama

A vida é bela, de Dominique Glocheux

1.000 lugares para conhecer antes de morrer, de Patricia Schultz

Transformando suor em ouro, de Bernardinho

Os segredos da mente milionária, de T. Harv Eker

Mantenha o seu cérebro vivo, de Lawrence Katz e Manning Rubin

O Poder do Agora, de Eckhart Tolle

O poder da paciência, de M. J. Ryan

Aprendendo a gostar de si mesmo, de Louise Hay

A arte da meditação, de Daniel Goleman

A Boa Sorte, de Álex Rovira Celma e Fernando Trias de Bes

O ócio criativo, de Domenico De Masi

A dieta do abdômen, de David Zinczencko e Ted Spiker

Informações sobre os próximos lançamentos

Para receber informações sobre os lançamentos da EDITORA SEXTANTE, basta cadastrar-se diretamente no site www.sextante.com.br

Para saber mais sobre nossos títulos e autores, e enviar seus comentários sobre este livro, visite o nosso site www.sextante.com.br ou mande um e-mail para atendimento@esextante.com.br

EDITORA SEXTANTE
Rua Voluntários da Pátria, 45 / 1.404 – Botafogo
Rio de Janeiro – RJ – 22270-000 – Brasil
Telefone (21) 2286-9944 – Fax (21) 2286-9244
E-mail: atendimento@esextante.com.br